Christa Miller

Hallo, ich bin Birk!

Eine Geschichte über Familie, Freunde, Schule und die erste Liebe

PERSEN

Gedruckt auf umweltbewusst gefertigtem, chlorfrei gebleichtem und alterungsbeständigem Papier.

2. Auflage 2019

Illustration: Christina Piper
Satz: Satzpunkt Ursula Ewert GmbH, Bayreuth

ISBN: 978-3-403-20382-7

www.persen.de

Inhalt

Kapitel 1

Mein Name ist Birk.
Früher haben sie mich Birke genannt.
Sie wollten mich ärgern.
Sie haben gelacht über meinen Namen.
Birke! Birke!
So haben sie gerufen.
Aber mir war das egal.
Ich finde meinen Namen schön.

Und Birken finde ich auch schön.
Das sind Bäume.
Mit einem weißen Stamm.
Und mit schönen, hellen Blättern.

Und damit ihr es wisst: Birk ist ein Name für Jungen.
Ich bin ein Junge.
Na ja, ich bin kein Junge mehr.
Ich bin erwachsen.
Ich bin 19. Ich bin schon fast ein Mann.
Und ich möchte euch aus meinem Leben erzählen.

Kapitel 2

Ich bin ein Zwilling. Mein Bruder heißt Jan.
Wir sind am selben Tag geboren.
Jan sah früher fast so aus wie ich.
Aber jetzt sieht er anders aus.
Er ist größer als ich.
Ich bin ziemlich klein.

Und ich habe etwas ganz Besonderes.
Ich habe an meiner rechten Hand 6 Finger.
Echt. Nicht gelogen.
Den kleinen Finger habe ich doppelt.

Manche Leute schauen auf meine Hand.
Sie denken: Das ist doch nicht normal!
Meine Mutter sagt immer: Besser ein
Finger zu viel als zu wenig.
Und sie hat recht, finde ich.
6 Finger sind cool*.

---

* cool = sprich: kul

Kapitel 3

Wir wohnen in einer kleinen Stadt.
Wir, das sind meine Eltern, mein Bruder und ich.
Und 1 Katze, 2 Hunde, 6 Hühner.
Und jede Menge Mäuse, Maul-würfe, Schnecken und so weiter.

Früher wohnten hier viele Kinder.
Aber jetzt sind viele weg.
Also, die sind jetzt auch erwachsen.
So wie ich.
Und einige sind in die größere Stadt gezogen.
Zum Arbeiten. Oder zum Studieren.

Früher waren wir ja noch klein.
Wir haben jeden Tag draußen gespielt.
Einmal sagte Felix:
Birk ist so langsam. Hau ab, Birk!
Du spielst nicht mit.
Tränen kamen mir in die Augen.
Ich war total traurig.

Mama hat mich getröstet. Sie sagte:
Dummer Felix!

Papa sagte nix.
Er hat nur ganz komisch geguckt.
Ich glaube, er mag mich oft nicht so, wie ich bin.
Aber ich kann kein anderer sein.

Kapitel 4

Früher bin ich oft zu Oma Erika gegangen.
Also, Oma Erika ist nicht meine richtige Oma.
Sie wohnt im Haus neben uns.
Sie hat immer Zeit.
Sie hat mir oft Kakao gemacht und wir haben geredet.
Oma Erika ist cool.

Ich habe ihr damals von den Kindern und von Felix erzählt.
Dass der manch-mal so doofe Sachen zu mir sagt.
Dass ich so klein bin.
Und dass ich blöd bin. Also nicht ganz richtig im Kopf.
Ich musste sogar ein biss-chen weinen.

Da sagte Oma Erika: Schick mal den Felix zu mir.
Dem werde ich was erzählen.

Und dann hat Oma Erika den Felix auf der Straße getroffen.
Sie rief: Halt, warte mal, Felix!
Was Oma Erika zu Felix gesagt hat?
Ich weiß es nicht.
Aber danach war Felix nicht mehr so doof zu mir.

Kapitel 5

Was soll ich euch noch von mir erzählen? Ich liebe Tiere. Meine Katze ist fast so alt wie ich. Also nicht ganz. Sie ist 16 Jahre. Das ist ganz schön alt für eine Katze. Sie heißt Valentina.

Am Anfang war sie ganz klein. Ich habe oft mit ihr gespielt. Ich habe einen Faden gezogen und sie wollte ihn fangen. Oder ich habe einen kleinen Ball gerollt. Dann lief sie hinter-her. Manch-mal sprang sie über alle Möbel. Blitz-schnell. Dann hatte ich oft richtig Angst vor ihr.

Jetzt ist sie alt und faul geworden. Sie liegt gern auf meinem Sofa. Ich schmuse mit ihr. Und sie räkelt und reckt sich und gähnt.

Valentina merkt es, wenn ich traurig bin. Dann springt sie auf meinen Schoß. Katzen sind das Beste auf der Welt. Richtig gute Freunde. Manch-mal sogar besser als Freunde.

Kapitel 6

Mit 6 Jahren gingen Jan und ich zur Schule. Jan. Ihr wisst schon. Mein Bruder. Mein Zwilling. Ich freute mich auf die Schule. Jan hatte keinen Bock. Aber er musste.

Am Anfang war es ganz lustig. Wir haben viel gespielt und gesungen. Unser Lehrer hieß Herr Mölle-mann. Der war cool. Er konnte Gitarre spielen. Und er konnte zaubern. So richtige Kunst-stücke. Einmal hat er einen Euro unter seinem Hut verzaubert. Er nahm den Hut ab und zack – waren 2 Euro da.

Oder er hat ein Tuch in die Jacken-tasche gesteckt.

Und zack – holte er es aus dem Ärmel wieder heraus.
Das war super.

Aber nach ein paar Wochen wurde alles ganz anders.

Kapitel 7

Wir mussten Buch-staben lernen.
Und Wörter lesen.
Das konnte ich nicht. Es ging nicht.
Ich konnte mir die doofen Buch-staben einfach nicht merken.

Herr Mölle-mann hatte viel Geduld.
Er war immer ganz nett zu mir.
Er sprach mit meinen Eltern.

Ich musste dann jeden Nach-mittag üben.
Mein Bruder ging raus. Spielen.
Und ich saß da mit Mama.
Ich musste die Buch-staben üben.
Aber die wollten einfach nicht in meinem Kopf bleiben.

Papa war manch-mal sauer.
Warum kapiert der Junge das nicht?
Das kann doch nicht so schwer sein.
Er muss sich einfach mehr Mühe geben.
Sagte Papa.

Kapitel 8

Im nächsten Schul-jahr wurde es ganz schlimm.
Jan konnte schon lesen und schreiben.
Weih-nachten hat er eine Geschichte vorgelesen.
Von Jesus und von seinen Eltern Maria und Josef.
Und von den Hirten.
Und von den 3 Königen.

Und ich?
Ich kämpfte immer noch mit den Buch-staben.
Das A war genauso blöd wie das M.
Es ging nicht rein in meine Birne.
In meinem Gehirn tanzten die Buch-staben wild umher.

Ich bin dann zu einer anderen Schule gegangen.
Förder-schule. So hieß die.

Ich war traurig. Jan blieb auf der alten Schule.
Und Herr Mölle-mann natürlich auch.

Kapitel 9

Meine neue Lehrerin hieß Frau Ritter.
Sie war sehr groß.
Na ja, mir kam sie sehr groß vor.
Ich war ja immer noch sehr klein.
Und deswegen bekam ich auch bald Ärger.
Mit Martin.

Martin war auch in meiner Klasse.
Groß. Dünn. Er konnte super-schnell rennen.

Und er lachte mich aus.
Er rief laut über den ganzen Schul-hof.
Na du kleine Birke? Schon mal Fuß-ball gespielt?
Oder ist der Ball zu groß für dich?

Ein paar andere Jungs machten mit.
Birke! Birke!

Ich war sauer.
Das kannte ich doch von früher.
Was sollte ich tun?
Was hättest du getan?

Kapitel 10

Am nächsten Tag kam es noch schlimmer.
Wir hatten Sport.
Das ist nicht mein Ding!
Ich kann nicht schnell rennen.
Meine Beine sind dafür nicht gemacht.
Ich kann auch nicht klettern.
Oder Bälle fangen.

Frau Ritter teilte 2 Mann-schaften ein.
Martin war in meiner Mann-schaft.
Fuß-ball!
Ich stand im Tor.
Zack – war der erste Ball drin.
Und zack – war der zweite Ball im Tor.

Martin schrie laut auf.
Ein paar andere Jungs auch.
Manno, was soll das? Halt den Ball!

5

Kapitel 11

Eine Woche später – wieder Sport. Schon beim Früh-stück hatte ich Bauch-schmerzen. Frau Ritter legte eine CD in den CD-Player. Hip-Hop. Tanzen.

Das war super. Das konnte ich. Die Musik fuhr mir in Arme und Beine. Mein Körper bewegte sich ganz von allein. Das tat so gut.

Die anderen schauten mir zu. Frau Ritter auch. Sogar Martin nickte. Gar nicht schlecht. Das hat er drauf. Sagte Martin.

Später in der Klasse. Frau Ritter erklärte uns etwas. Jeder Mensch hat Schwächen. Dinge, die er oder sie nicht gut kann.

Und jeder Mensch hat Stärken.
Dinge, die er oder sie gut kann.
So ist das.
Genau so.

Kapitel 12

Irgend-wann ging es mir dann ganz gut in der neuen Schule.
Das Lesen war noch immer schwer für mich.
Schreiben auch.
Aber ich war nicht der Einzige.
Die anderen hatten auch ihre Probleme.

Bald hatte ich Freunde.
Und Freundinnen.

In der 5. Klasse wurde ich Klassen-sprecher.
Ich wurde gewählt. Ihr wisst schon.
Klassen-sprecher müssen viele Dinge regeln.
Wenn es Probleme gibt und so.
Und noch vieles mehr.

Da war sogar Papa einmal stolz auf mich.
Ich erzählte es ihm.
Er schaute mich lange an.
Und dann klopfte er auf meine Schulter.

Kapitel 13

In der 8. Klasse machte ich eine Prüfung. In der Schule. Eine Fahr-prüfung. Für das Fahr-rad. Ich konnte schon lange fahren. Aber jetzt durfte ich in die Stadt fahren.

Im Sommer fuhr ich oft ins Frei-bad. Im Schwimmen war ich top! Ich konnte lange schwimmen. Strecke machen. 1000 Meter. Dann 2000 Meter. Und mehr.

24-Stunden-Schwimmen. Wisst ihr, was das ist? 24 Stunden, also Tag und Nacht, wird geschwommen. Also nicht einer allein. Nein, 24 Stunden lang muss immer irgend-einer schwimmen. Man wechselt sich ab. Ich mache das jedes Jahr mit.

Einmal habe ich den 1. Preis gewonnen.
Ich war 4000 Meter geschwommen.
Ich stand in der Zeitung.
Mit Foto! Ganz ehrlich! Ich schwöre!

Kapitel 14

Dieses Schul-jahr ist mein letztes
Schul-jahr.
Nach den Winter-ferien haben wir einen
Tanz-kurs gemacht.
Mit 2 anderen Klassen zusammen.
Die Tanz-schule hieß Tanz-arena.

Die Eltern mussten das bezahlen.
Mein Vater nörgelte.
Tanzen? Wozu soll das gut sein?
Er weiß eben nicht, was mir gut-tut.
Aber Mama schon.
Sie freute sich für mich.
Und gab mir das Geld.

Ihr wisst ja, ich liebe Tanzen.
Beim Tanzen vergesse ich die Welt.
Tanzen ist wie Träumen mit den Beinen.
Und am besten ist Hip-Hop.
Für mich jeden-falls.

Merle mit den schwarzen Haaren
war auch dabei.
Sie war mir schon auf dem Schul-hof
aufgefallen.

Kapitel 15

Vor dem ersten Besuch in der Tanz-arena waren alle aufgeregt. An der Wand hing ein großer Spiegel. Wir stellten uns davor. Frau Ritter auch.

Unser Tanz-lehrer hieß Herr Wolf. Er machte Tanz-schritte vor. Und wir machten sie nach. Disco-Fox. So hieß unser erster Tanz. Vor – vor – tipp – zurück – zurück – tipp. Das war einfach. Für mich jeden-falls.

Das Beste kam zum Schluss. 10 Minuten Disco. Pop. Und Hip-Hop. Jeder tanzte nach Lust und Laune.

Merle auch. Mann, die konnte tanzen. Wahn-sinn! Ihre Arme und Beine bewegten sich zu der Musik.

Sie wiegte den Kopf hin und her.
Die Augen geschlossen.

Sie war einfach toll!

Kapitel 16

Am 5. März traute ich mich. Es war ein Samstag.
Ich weiß das Datum noch ganz genau.
Weil ich so aufgeregt war.
Ich rief Merle an.
Ihre Handy*-Nummer hatte ich von Sofie.

Hallo, hier ist Birk.

Birk, du? Was ist los?

Ich will dich was fragen.
Wollen wir mal zusammen in die Eis-diele gehen?

Mein Herz klopfte wild.
Bumm-bumm, bumm-bumm!
Äh, ich weiß nicht.
Wann denn?

Am Sonntag?

---

* Handy = sprich: Händi

Na gut. Um 4 Uhr in der Eis-diele. Am Peter-Platz.

Super. Bis dann.

Geschafft. Ich hatte es geschafft. Ich hatte mich getraut. Ich würde Merle treffen. Allein. Am Sonntag.

Kapitel 17

Es war schön in der Eis-diele.
Wir haben gelacht. So viel gelacht.
Und wir haben Eis gegessen. Viel Eis.

Und wir haben geredet.
Über zu Hause.
Über die Schule.
Über die Lehrer.

Ich habe Merle dann nach Hause gebracht.
Sie nahm meine Hand.
Das fühlte sich gut an. Ganz warm.

Mein Herz war auch ganz warm.
Und offen. Herz-offen.
Für Merle. Meine Freundin.

Eis

Kapitel 18

Von nun an trafen wir uns jeden Tag in der Pause.
Und am Wochen-ende trafen wir uns auch.

Wir gingen ins Kino.
Wir gingen ins Frei-bad.
Oder wir gingen spazieren.
Hand in Hand.
Und manch-mal küssten wir uns.
Merle hatte ganz weiche Lippen.
So schön.

Bring Merle doch mal mit zu uns.
Sagte Mama.
Wir haben im Garten gegrillt.
Alle zusammen. Papa, Mama, Jan, Merle und ich.
Das war ein toller Abend.

Kapitel 19

Bald gibt es Sommer-ferien.
Merle bleibt noch ein Jahr in der Schule.
Aber ich muss gehen.

Was kommt jetzt?
Ich weiß es noch nicht.
Die meisten aus meiner Klasse gehen in die Werk-statt.
Sie werden dort arbeiten.

Ich möchte gern etwas anderes machen.
Klar, arbeiten schon.
Aber nicht unbedingt in der Werk-statt.
Viel-leicht in einem Kinder-garten.
Oder in einem Alten-heim.
Ich bin gern mit Menschen zusammen.

Auf jeden Fall gibt es vorher noch eine Party in der Schule.
Zum Abschluss.

Mit Essen und Trinken und Musik und Zeugnissen.
Das wird lustig.

Aber vielleicht wird es auch ein kleines biss-chen traurig.